Für Uwe von Annet

www.beltz.de

Dieses Buch erschien erstmals 1994
im Wolfgang Mann-Verlag
Gesamtherstellung
Druck Partner Rübelmann, Hemsbach
Printed in Germany
ISBN 978-3-7898-1011-4
2 3 4 5 09 08 07 06

PRIMEL

Eine Geschichte von Marliese Arold

Mit Bildern von Annet Rudolph

Parabel

Es war ein herrlicher Tag. Die Sonne schien und Primel hatte so richtig gute Laune. Sein Bauch war voll mit jungen Möhrchen, die er aus Martins Garten geklaut hatte. Der alte Martin war nämlich nach Mallorca gereist und konnte nicht nach frechen Hasen Ausschau halten.

Primel wanderte übers Feld und pfiff leise vor sich hin.
Pfeifen konnte er sehr gut. Eigentlich war er der beste Pfeifhase weit und breit.
Am Himmel zogen dicke Wolken. Primel schaute nach oben.
Das ist eine hasenkuschelige Flockenblumenwiese, dachte er.
Oder ein superschneller Luftkissenexpressdampfer?
Plötzlich schrie jemand: »Pass doch auf! Wo hast du denn deine Augen?«

Das war der Igel. Primel wäre um ein Haar auf ihn getreten.
»Ent*pf*uldigung«, sagte Primel.
Der Igel fing an zu kichern. »Du hast vielleicht blöde Zähne.«
»Hab ich gar nicht«, antwortete Primel. Seine große Zehe zitterte – sie zitterte immer, wenn er sich über etwas sehr aufregte. Und er regte sich jedes Mal auf, wenn sich jemand über seine Zähne lustig machte. Er konnte doch nichts dafür, dass sie so weit auseinander standen. Immer wenn er »sch« sagen wollte, kam nur »pf« heraus.
*Pf*recklich war das!
»Hast du dich schon einmal im Spiegel angeschaut?«, fragte der Igel.
»Nein, wieso denn?«, log Primel.
»Dann tu's auch lieber nicht«, kicherte der Igel und trollte sich.

Primel war ganz schön wütend.
Am Himmel stampften jetzt bärbeißige Stachelsaurier und großmäulige Kaktusdrachen mit Finsterfingern.
Er kam an dem hohlen Baum vorbei, in dem Balduin wohnte. Balduin war eine Raupe und Primels bester Freund. Doch seit einiger Zeit hatte sich Balduin in einen komischen Mantel eingewickelt. Der Mantel hieß Kokon. Primel wusste, dass Balduin nicht gestört werden wollte, aber dies hier war ein Notfall.

Also hielt Primel seinen Kopf ganz dicht an den Baumstamm und fragte: »Hallo, Balduin, bist du zu Hause?«
»Ja«, erwiderte ein feines Stimmchen aus dem Innern des Kokons.
»Wann kommst du endlich wieder raus?«, fragte Primel.
»Bald«, sagte Balduin. »Nur Geduld.«
Primel war neugierig. »Was machst du eigentlich da drin?«
»Ich ziehe mich um.«
»Die ganze Zeit?«
»Die ganze Zeit.«
Primel seufzte. »Darf ich trotzdem mit dir reden?«
»Na klar. Was gibt's denn?«
Primel schwieg einen Augenblick und dann sprudelten die Worte nur so aus ihm heraus: »Der Igel hat mich ausgelacht, weil ich so blöde Zähne habe. Am liebsten würde ich ganz weit fortgehen.«
»Aber du kannst nicht vor deinen Zähnen davonlaufen«, antwortete Balduin. »Die kommen immer mit. Außerdem – sooo hässlich sind sie auch wieder nicht, finde ich.«
»Ach du«, stammelte Primel. »Du bist *pf*on wochenlang da drin. Wahr*pf*einlich hast du längst vergessen, wie ich aussehe.«
Und Primel ließ die Ohren hängen.
»Ich hab dich noch nie ausgelacht«, erwiderte Balduin. »Wenn man jemanden mag, kommt es nicht darauf an, wie er aussieht.«
»Das sagst du nur so«, flüsterte Primel und ging traurig fort.
Ganz klar, Balduin konnte ihm auch nicht helfen.

Am Tümpel setzte sich Primel ans Ufer und schaute ins Wasser. Eine Libelle schwirrte um seinen Kopf herum, aber Primel hatte keine Lust, mit ihr zu spielen. Am liebsten wäre er jetzt ein Nilpferd. Die schwimmen den ganzen Tag im Wasser und niemand stört sich daran, wenn sie kein »sch« aussprechen können oder schiefe Zähne haben.
Primel betrachtete sein Spiegelbild. Er verzog das Gesicht und probierte aus, wie er seine Zähne am besten verstecken konnte. Wenn er den Mund nicht aufmachte, war er viel hübscher.
Er presste die Lippen aufeinander und schmunzelte seinem Spiegelbild zu. Das Spiegelbild schmunzelte zurück.
Nicht übel!
Der Frosch auf dem Seerosenblatt beobachtete Primel beim Grimassenschneiden und grinste.
»Pass auf, dass ich dich nicht fresse!«, sagte Primel und fletschte die Zähne.
Der Frosch lachte sich kaputt, fiel vom Seerosenblatt und tauchte unter.
»So ein Blödmann«, dachte Primel und ging weiter.

Ab sofort würde er den Mund nie wieder aufmachen. Auch beim Essen nicht.
Aber das war schwierig. Nicht einmal einen Grashalm konnte er jetzt zwischen die Lippen pressen. Na, dann mussten die Mahlzeiten eben ausfallen! Im Moment hatte er sowieso keinen Hunger. Oder er würde nur nachts futtern.

Im Mondschein, wenn keiner zuschaute. Ein richtiger Mondscheinmöhrenknabberer würde er werden.
Und reden würde er auf keinen Fall mehr, höchstens bauchreden.
Ob er schon einmal damit anfangen sollte?
»Hmhmhmhm«, grummelte er mit geschlossenem Mund.
Das hieß: Ich bin Primel.

»Hoppla«, sagte plötzlich eine Stimme.
Primel konnte gerade noch bremsen. Fast wäre er mit einem anderen Hasen zusammengestoßen. Nein, falsch, es war eine Häsin.
»Kannst du mir verraten, wie ich zur Brücke komme?«, fragte sie freundlich. »Dort wohnt nämlich meine Tante, die will ich besuchen.«
Primel kniff den Mund zu. »Na klar kenne ich den Weg, gar nicht schwer«, wollte er sagen, aber es kam nur »hmhmhmpf, hmhmhrrr« heraus.

»Wie?«

»Hmhmhmpf, hmhmhrrr!«

Er war ein lausiger Bauchredner. Primel probierte es mit der Zeichensprache. Er deutete hierhin und dorthin und machte ein paar Hopser. Vergeblich, die Häsin kapierte nichts.

Da nahm Primel sie einfach bei der Hand und wollte sie mit sich ziehen, aber das war auch verkehrt. Fast hätte er sich eine Ohrfeige eingefangen.

Was für ein Glück, dass gerade ein Schmetterling herbeiflatterte.
»Erkennst du mich denn nicht?«, kicherte ein Stimmchen. »Ich bin's!«
»Balduin!«, rief Primel erstaunt.
»Du bist ja doch nicht stumm und stockdumm«, wunderte sich die Häsin. »Und einen Schmetterling hast du als Freund!«
»Vor kurzem war er noch eine Raupe und hat ganz anders ausgesehen«, stotterte Primel.
Balduin breitete stolz seine Flügel aus. »Es hat sich gelohnt, oder? Und fliegen kann ich jetzt auch.«
»Kannst du mir vielleicht den Weg zur Brücke sagen?«, fragte die Häsin.
»Leider nicht«, antwortete Balduin fröhlich. »Ich kenne nur das Kohlfeld und den hohlen Baum, aber ab heute werde ich die ganze Welt entdecken!«

»Die Brücke ist gar nicht *pf*wer zu finden«, mischte sich Primel ein. »Zuerst kommt ein großer Bu*pf*, der sieht aus wie ein *Pf*orn*pf*teinfeger, dann nach links, bei der *Pf*lehdornhecke nach rechts, und dann noch ein paar *Pf*ritte und du bis *pf*on an der Brücke.«
O weh, so viele »*pf*s«! Primel schloss vor Schreck die Augen.
»Warum hast du das nicht gleich gesagt?«, fragte die Häsin. »Wie war das noch mal?«
»Ich hab's kapiert und fliege voraus!«, rief Balduin und flatterte los.
»Du hast aber einen netten Freund«, sagte die Häsin. »Und wie heißt du?«
»Hmhm«, machte Primel. Dann verbesserte er sich. »Primel. Und du?«
»Charlotte.«
»*Pf*arlotte!« Primel schaute ganz schnell auf den Boden. »Ich hab ganz *pf*eußliche Zähne.«
»Deine Zähne sind doch gar nicht schlimm«, antwortete Charlotte. »Aber schau dir mal meine Ohren an. Mein rechtes Ohr ist viel länger als das linke.«
»Fällt überhaupt nicht auf«, meinte Primel und lächelte.
»Weißt du was, ich kann mit meinen Zähnen gut pfeifen.« Primel pfiff ihr *Er hat ein Loch im Hasenzahn* vor. Dann sagte er geheimnisvoll: »Ich kann noch was.«

»Was denn?«, fragte Charlotte neugierig.
»Wolken verzaubern. Guck mal rauf zum Himmel. Siehst du was?«
Charlotte starrte nach oben. »Au ja, eine ganz fette Wolke.«
»Das ist ein raupenbeiniger Igelzwicker. Pass auf, was draus wird.«
Primel pustete. Er pustete, dass ihm fast schwarz vor den Augen wurde. Aber es klappte. Der Igelzwicker wurde zu einem zauberzähnigen Bürstensegler.
»Toll«, sagte Charlotte. Sie pustete auch, aber der zauberzähnige Bürstensegler blieb ein zauberzähniger Bürstensegler.
»Wie machst du das?«, wollte Charlotte wissen.
»Großes Geheimnis«, erwiderte Primel. »Das kennt nicht einmal Balduin.«
»Verrätst du es mir?«, bat Charlotte.

Primel zögerte. Eigentlich war Charlotte ganz nett. Sie hatte ihn nicht wegen seiner Zähne ausgelacht.
»Also… erstens geht es nicht bei Regenwetter«, begann Primel. »Zweitens muss man in *Pf*timmung sein. Und drittens muss man viel üben.«
»Üben«, wiederholte Charlotte, »das geht jetzt nicht. Ich muss zu meiner Tante, aber wollen wir morgen zusammen üben?«
Primel schaute ihr in die Augen, die so grün waren wie Tümpelwasser im Sommer.
»Ja, morgen«, sagte er. »Be*pf*timmt *pf*eint morgen die Sonne.«

»Und wenn es regnet, was machen wir dann?«, fragte Charlotte.
Primel überlegte. »Dann *pf*pielen wir eben Regenpfeifer oder Grashörer. Oder wir *pf*pritzen die Frö*pf*e im Tümpel nass. Uns wird *pf*on was einfallen.«